Stephan Sigg

RANDOM ACTS OF KINDNESS

Glücksmomente zu verschenken

camino.

1. Auflage 2021

Ein camino.-Buch aus der

Covergestaltung:

Grafikhelden Design Studio GbR, Arne Claußen, Herrenberg

unter Verwendung eines Fotos von

Gesamtgestaltung und Satz:

Friederike Schröder, Leipzig

Hersteller gemäß ProdSG:

Druck und Bindung: CPI books GmbH,

Birkstraße 10, 25917 Leck

Verlag: Verlag Katholisches Bibelwerk GmbH,

Deckerstraße 39, 70372 Stuttgart

www.bibelwerkverlag.de

ISBN 978-3-96157-166-6

Inhalt

Vorwort

Lust, die Welt ein bisschen besser zu machen? Dann verwöhn die Menschen mit »Random Acts of Kindness«!

Wann hast du das letzte Mal jemanden zum Lächeln gebracht, jemandem die Tür aufgehalten oder einfach so ein Kompliment gemacht? Das kostet alles nichts, es sorgt beim anderen für gute Laune – wer Gutes tut, tut auch sich selbst etwas Gutes. Es wirkt sich positiv auf deine Psyche aus, das ist sogar wissenschaftlich bewiesen. Vielleicht sind dir »Random Acts of Kindness« schon online begegnet: Immer mehr Menschen berichten online von ihren Aktionen und was diese ausgelöst haben. Und »Random Acts of Kindness« ist auch eine moderne Umsetzung der »Goldenen Regel«. Diese Regel ist im Christentum und in vielen anderen Religionen bekannt: Geh so mit anderen um, wie du dir von anderen wünschst, dass sie mit dir umgehen. Wenn wir andere mit spontanen und überraschenden Aktionen aufheitern oder glücklich machen, können wir sie vielleicht damit motivieren, künftig ähnliche Aktionen umzusetzen.

Du hast noch keine Idee? In diesem Buch warten eine Menge »Random Acts of Kindness« – wähl eines aus und leg los. Und du wirst selbst erfahren, wie das dein Leben verändert …

Stephan Sigg

1

Ein Brief an Senioren

Der Amerikaner Jacob Cramer war erst dreizehn Jahre alt und trotzdem hatte er eine geniale Idee, mit der er ganz viele Seniorinnen und Senioren glücklich machte: Er gründete die Organisation »Letters for our elder« – Briefe an ältere Menschen. Da sein Opa früh starb, wurde ihm bewusst, wie wichtig Großeltern sind. Er begann, Briefe an ältere Menschen zu schreiben.

Zuerst war er der einzige, der schrieb. Doch schon bald wollten ihn viele andere Jugendliche unterstützen. Deshalb gründete er eine Organisation, die jungen Menschen Adressen von Senioren vermittelt. Jetzt ist Jacob zwanzig und engagiert sich noch immer für sein Projekt. Er bekommt dabei inzwischen auch Unterstützung von vielen Stars wie zum Beispiel Lady Gaga.

Du kannst dich bei Altenheimen in deiner Region erkundigen, ob es Menschen gibt, die sich über einen Brief von dir freuen würden. Du kannst natürlich auch einfach gleich einen Brief an alle Bewohnerinnen und Bewohner schicken. Aber natürlich ist es noch viel kostbarer, wenn man einen Brief bekommt, der an einen ganz persönlich gerichtet ist.

Schreib über …

Was gefällt dir gerade an deinem Leben?

Was macht dir Hoffnung?

Wovon träumst du?

Was würdest du auf der Welt gerne ändern?

Was wolltest du Seniorinnen und Senioren immer schon mal fragen?

Was wünschst du Seniorinnen und Senioren?

Wofür bist du Seniorinnen und Senioren dankbar?

Was bringt dich zum Lachen?

Woran denkst du, wenn es dir mal nicht so gut geht?

2

Die Glücks-Foto-Challenge

»Guten Morgen!
Ab heute bin ich auf besonderer Mission und suche Leute, die mitmachen:

Ich mache ab sofort täglich mit meinem Handy mindestens ein Foto von etwas, das mich glücklich macht und schicke es anderen. Wer macht es mir nach? So können wir uns gegenseitig aufheitern und zeigen, wie viele schöne Dinge es in unserem ganz normalen Alltag gibt. Hier kommt mein erstes Foto«

Deine Glücks-Fotos:

3

Der erste Kommentar

Ist das gestern Nacht wieder spät geworden!
Ein YouTube-Video nach dem anderen. Total entspannend, ich konnte nicht mehr aufhören. Und erst die Kommentare. Manche schreiben nur knappe Bewertungen, manche erzählen in ihren Kommentaren aber auch ganz persönliche Erlebnisse: Warum bedeutet mir dieser Videoclip so viel? Was wünsche ich anderen, die diesen Clip anschauen? Manche Videos haben hunderte, wenn nicht sogar tausende Kommentare. Und dann gibt es Videos, die sind schon seit einiger Zeit online, aber es hat nur wenige oder gar keinen Kommentar.

Eigentlich wollte ich schon längst das Handy weglegen und schlafen. Aber auch wenn mir die Augen fast schon zugefallen sind, habe ich bei einem Song von einer unbekannten Band einen Kommentar hinterlassen: »Ich schau mir euer Video immer wieder an. Der Songtext gefällt mir. Ich habe etwas Ähnliches auch schon erlebt.« Mein Kommentar war der erste.

Als ich mir am nächsten Tag das Video wieder anschauen will, sehe ich, dass über Nacht ein zweiter Kommentar dazugekommen ist: Die Band hat geantwortet!
Sie bedankt sich für meinen Kommentar und erzählt, warum sie diesen Songtext geschrieben haben.

20-Minuten-Bahnhofs-Engel

Wieder mal typisch: Vierzig Minuten Verspätung! Als die Durchsage kommt, geht es vielen anderen Reisenden wie mir: Kopfschütteln, Augenrollen und einer droht sogar mit der erhobenen Faust. Immer ist die Bahn zu spät! Ich will mich gerade in ein Buch vertiefen, da sehe ich auf dem Bahnsteig gegenüber ein Mädchen in meinem Alter. Ich mustere sie irritiert und schaue nach links und rechts. Wen lächelt sie an? Wirklich mich? Ich schaue sie genauer an. Nein, wir kennen uns nicht. Bevor ihre S-Bahn einfährt, ruft sie mir zu: »Gute Reise!« Kaum hat sie in der S-Bahn Platz genommen, winkt sie mir nochmals zu und dann setzt sich die S-Bahn auch schon in Bewegung. Ich habe es gerade noch geschafft, ihr zurückzuwinken.
Es dauert noch immer 39 Minuten, bis meine Bahn eintrifft. Ich schaue mich um und habe plötzlich eine Idee: Ich trete die Nachfolge an. Ich schaue mir die Menschen auf den verschiedenen Bahnsteigen an. Ich winke manchen oder lächele sie an. Ein älterer Mann nimmt gerade einen Schluck Kaffee. Ich deute auf den Becher und dann halte ich den Daumen nach oben. Er muss grinsen und nickt zustimmend. Als dann endlich meine Bahn eintrifft, denke ich noch kurz: Ich war ganz allein unterwegs als Bahnhofs-Engel. Was wäre passiert, wenn viele andere mitgemacht hätten?

BestOf-Gute-Laune-Songs

Montagmorgen? Eine ganze Woche Nebel? Die nächsten Ferien sind noch zwei Monate entfernt? Kein Wunder, hat sich die gute Laune aus dem Staub gemacht. Zum Glück gibt es Songs, die für gute Stimmung sorgen.

Welche Songs stehen auf deiner persönlichen BestOf-Liste?

Du kannst online eine BestOf-Playlist zusammenstellen und deinen Freunden schicken. Und wenn dir zu wenig Songs einfallen, frag doch einfach mal deine Freunde. Vielleicht haben sie noch einen Super-Power-Song auf Lager?

Das geht aber auch noch viel edler: Eine Liste mit Songs auf ein schönes Papier schreiben, alles verzieren, in einen hübschen Briefumschlag stecken und einer Person in den Briefkasten werfen!

6

Eid Mubarak!

Was am 24. und 25. Dezember gefeiert wird, weiß fast jedes Kind. Etwas komplizierter ist es schon mit dem 31. Oktober oder dem 1. November. Und das sind jetzt alles nur christliche Feiertage! Weißt du, wann genau die Feste der anderen Religionen gefeiert werden? Informiere dich online und trag die Feste in deinen Kalender ein. Jetzt kannst du den Menschen in deinem Umfeld jeweils ein frohes Fest wünschen. »Eid Mubarak« heißt übrigens »Fest des Fastenbrechens«. Dieses muslimische Fest wird am Ende des Ramadans gefeiert.

Das neue Fußballtrikot

In unserer Fußballmannschaft findet jemand von uns ständig einen Grund, sich über andere lustig zu machen.

Vor Leuten sprechen? Gar nicht mein Ding. Ich bekomme immer weiche Knie. Ich verhasple mich und meistens dauert es nicht lange und mein Kopf ist wie leergefegt. Was wollte ich sagen?

Eigentlich wollte ich die Leute in meiner Fußballmannschaft schon lange darauf aufmerksam machen:
Findet ihr es nicht total daneben, sich über andere lustig zu machen? Was sich die gegnerische Mannschaft bei einem Spiel alles anhören muss ... Als wir uns heute in der Kabine umziehen, machen alle große Augen:

Mark reagiert als erster: Woher hast du denn das?
Ich zucke mit den Schultern.

Vorne auf meinem T-Shirt steht: »Play for Tolerance«.
Diese Botschaft wird nicht nur meine Spieler, sondern auch die andere Mannschaft und vielleicht auch die Fans am Spielfeldrand zum Nachdenken bringen.

Und wie bringst du deine Botschaft an die Leute?
Wie nutzt du den Platz auf deinen T-Shirts, Pullis, Jacken? (Gestalte dein eigenes Shirt.)

8

Wünsche an den Baum

Ein Baum ohne Blätter? Ein trauriger Anblick!
Und dabei ist es im Herbst sowieso schon so kalt und düster. Alle sehnen sich nach ein bisschen Farbe, nach ein bisschen Aufheiterung …

Höchste Zeit, etwas Farbe in den Alltag zu bringen! Du kannst Papiervögel basteln und mit einer Schnur in einen Baum hängen. Es geht natürlich auch einfacher: Nimm Buntpapier und schneide einen Kreis aus, schreibe einen mutmachenden Spruch darauf und häng ihn an einen Ast. Du kannst aber auch einen Wunsch an den Baum hängen.

Und warum hängst du nicht auch noch ein paar leere Blätter in den Baum? Vielleicht kannst du so andere ermuntern, bei deiner Aktion mitzumachen. Und plötzlich ist der Baum wieder ziemlich voll …

Solche »Wunschbäume« sind auch immer häufiger vor Rathäusern oder Kirchen zu finden. Wenn du irgendwo einen entdeckst, mach gleich mit, die Verantwortlichen freuen sich über jeden Beitrag.

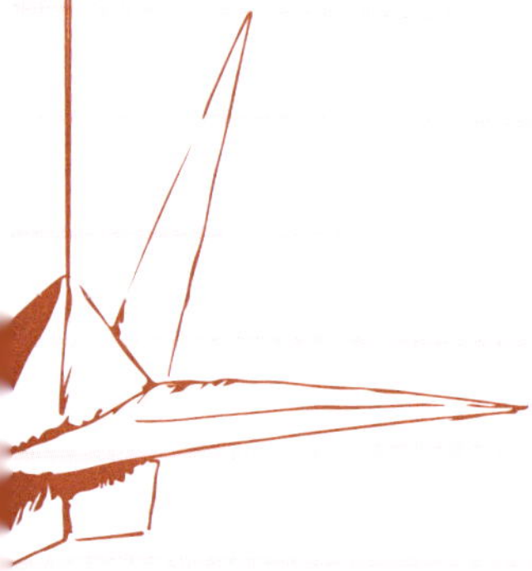

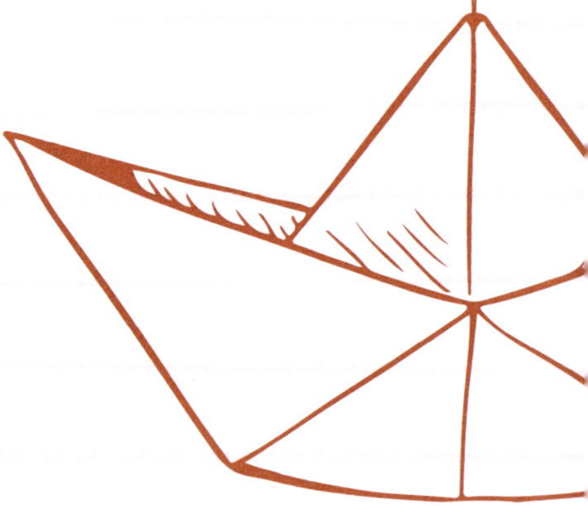

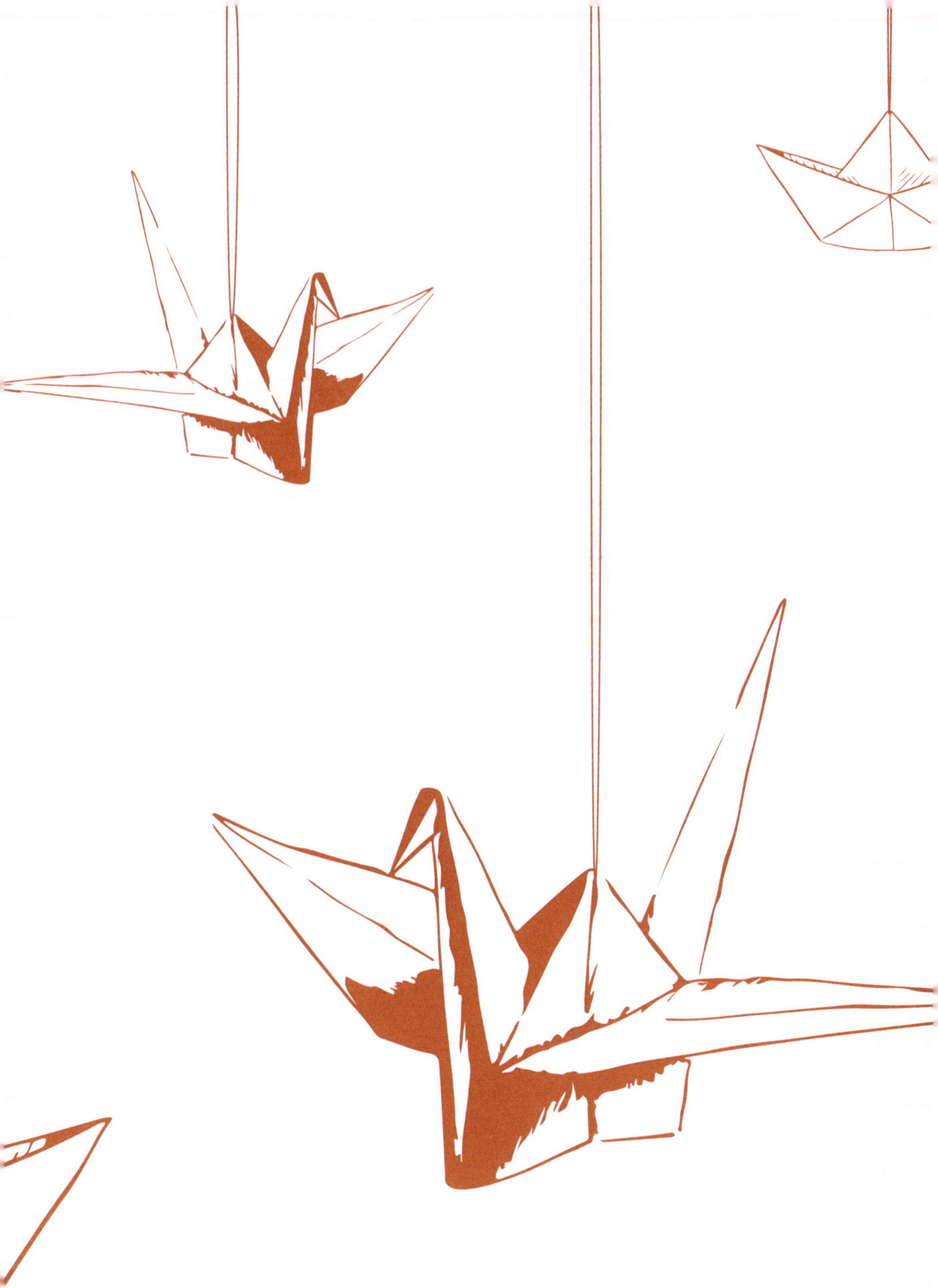

9

Komplimente

Meine Statistik:

So viele Komplimente habe ich in den letzten 7 Tagen gemacht:

- O keine
- O mehr als 5
- O mehr als 10
- O mehr als 20

Dafür habe ich Komplimente gegeben:

- O Aussehen
- O Lächeln
- O Talente
- O Erfolge
- O Kreativität

So viele Menschen haben von mir ein Kompliment bekommen

- O Niemand
- O mehr als 2
- O mehr als 5
- O mehr als 10

Dafür möchte ich diese Woche anderen Komplimente machen

____

____

Komplimente:

- Wirken wie Medizin
- Fühlen sich an wie ein sanftes Streicheln
- Sie tun einfach gut
- Sie machen Mut

Komplimente machen kann jeder. Man braucht keine Ausbildung dafür, kein Mindestalter ... Du gibst anderen nur selten positive Rückmeldungen?
Du kannst es trainieren.

7-Tage-Komplimente-Challenge

Lass dich ein auf eine 7-Tage-Komplimente-Challenge und verwöhn deine Mitwelt mit mündlichen und schriftlichen Rückmeldungen: Halte hier mit Strichen fest, wie oft du an einem Tag anderen eine positive Rückmeldung gegeben hast.

Tag 1:

Tag 2:

Tag 3:

Tag 4:

Tag 5:

Tag 6:

Tag 7:

10

Wo sind die Hunde-Sitter?

»Warte hier, ich bin gleich wieder da!«, sagt die ältere Frau zu ihrem Dackel, als sie ihn vor dem Supermarkt anbindet. Doch er wird schon nervös. Meike nähert sich zögernd: »Soll ich auf ihn aufpassen, bis sie fertig sind?« Die Dame blickt überrascht auf, dann lächelt sie: »Oh, das würde Sani sehr freuen!« Und schon flitzt die Frau ins Geschäft. Meike versucht, den Hund abzulenken. Sie spricht mit ihm, sie macht ihm Komplimente. Der Dackel mustert sie misstrauisch, scheint nicht zu wissen: Freundin oder Feindin? Endlich ist das Frauchen zurück. »Gut gemacht«, lobt sie Meike, »wenn du möchtest, kannst du ab und zu mit ihm Gassi gehen.«

Hundesitter, Katzennannys, legt los!

Lächelt alle Tiere an,
macht ihnen Komplimente,
wenn sie euch näher kommen,
streichelt sie, tröstet sie,
wenn sie auf das Frauchen oder Herrchen warten
und wenn es etwas länger geht:
Organisiert eine Schale mit Wasser

Jeder Apfel zählt

»Hey Leute! Heute futtern wir uns durch die Stadt. Wer ist dabei?« – Lene »Ähm … was hast du vor?« – Nina »Äpfel und Birnen retten!« – Lene »????« – Nina »In unserer Stadt gibt es so viele Gärten mit Obst und Gemüse. Doch es wird nicht geerntet! Ist doch eine gigantische Verschwendung, wenn man das verfaulen lässt.« – Lene »Wie kommst du jetzt darauf?« – Nina »Habe ein Video online gesehen: Es gibt an vielen Orten Communities, die auf diese Weise Lebensmittel retten. Sie machen sich gegenseitig darauf aufmerksam, wo es leckere Früchtchen gibt.« – Lene »Aber darf man das? Ist das nicht Diebstahl?« – Nina »Wir können ja vorher bei den Leuten klingeln. Vielleicht sind sie froh, wenn sich jemand um die Ernte kümmert. Und es gibt auch viele verlassene Grundstücke: Da kümmert sich eh niemand um den Garten.« – Lene »Du kannst ja meiner Mama helfen. Die macht schon seit Tagen Druck, dass ich mich um die Pflaumen im Garten kümmere. Dabei kann ich die nicht ausstehen!« – Nina »Du kannst doch ein paar Körbchen füllen und sie vor die Tür stellen: Zum Mitnehmen – kostenlos. Dann machst du anderen eine Freude und musst sie nicht selber essen. :)« – Lene »;)« – Nina »Also, bist du heute Nachmittag dabei?« - Lene »YEP!« – Nina

Ein kostbarer Gutschein

Hast du schon mal einer wildfremden Person einen Gutschein als Mutmacher hinterlassen? Ausfüllen, ausschneiden und dann kannst du ihn jemanden an die Windschutzscheibe, auf einen Gepäckträger heften oder beim Sport in den Spind schieben.

Der Gutschein könnte so oder so ähnlich lauten:

... einen Nachmittag für dich!

Du hast in letzter Zeit so viel getan für die Arbeit, für die Schule, für andere, für deine Familie, für deine Freunde – jetzt bist du dran! Gönn dir einen Nachmittag für dich selber – mach etwas, worauf du ganz spontan Lust hast. Falls dir nichts einfällt, habe ich für dich ein paar Ideen notiert und meinen Favoriten für dich ausgewählt!

- zuhause gemütlich machen und eine ganze Staffel einer Serie reinziehen
- eine Stunde in einer Buchhandlung verbringen
- sich für eine Stunde auf eine Wiese setzen
- ein Eis essen gehen
- auf YouTube einen Lieblingssong anhören

Von: ... einem Alltagsengel, der es gut mit dir meint

13

Ein besonderer Parkplatz

Wann hast du das letzte Mal mit Straßenkreide gemalt?

Viele Kinder malen gerne mit Straßenkreide. Jugendliche und Erwachsene tun das fast nie. Aber ist man je zu alt dafür? Straßenkreiden sind das optimale Werkzeug, um Farbe und Freude in den Alltag zu bringen – zum Beispiel auf Parkplätzen: Mach dich allein oder zu zweit auf den Weg und malt lustige Symbole, Komplimente oder witzige Botschaften auf freie Parkplätze – oder auf die Felder dazwischen, damit die Autofahrer es auch lesen können, wenn sie aussteigen. Ihr könnt natürlich auch Gehsteige und Plätze verzieren.

14

Nach langer Zeit

Ich muss diese Nachricht immer und immer wieder lesen. Als ich den Namen auf dem Display gesehen habe, habe ich gedacht: Du träumst! Oder: Das muss ein technischer Fehler sein. Wie lange ist es her? Zwei Jahre? Drei Jahre? Eigentlich will ich die Message gleich anschauen, aber ich habe auch ein bisschen Herzklopfen …

Warum meldet sie sich?

Hey!

Gestern habe ich per Zufall den Song von Beyonce gehört. Du weißt schon welchen – den Song, den wir damals jeden Nachmittag bei mir angehört haben. Ich musste an dich denken: Wie geht es dir wohl? Was machst du?

Es war immer so schön mit dir. Keine Ahnung, warum wir uns aus den Augen verloren haben. Irgendwann war unser Kontakt einfach off. Und je mehr Zeit verging, um so komischer kam es mir vor, dir einfach zu schreiben.

Eigentlich wollte ich mich schon lange bei dir melden. Ganz ehrlich: Ich habe ab und zu online deinen Namen eingegeben und gehofft, etwas über dich zu erfahren.

Ich würde mich sehr freuen, wenn du auf diese Nachricht reagierst. Ich habe mich mit meiner Schwester unterhalten: Sie meinte: Meld dich doch einfach. Das schlimmste, was passieren kann: Keine Antwort. Aber vielleicht geht es dir wie mir? Du wartest und wartest und traust dich auch nicht, den ersten Schritt zu machen.

15

Balkon-Überraschungen

Vor drei Wochen sind wir hier eingezogen und noch immer mit keinem Nachbarn in Kontakt gekommen. Mama sagte: »Klingel doch einfach mal überall und stell dich vor!« Bah, sie weiß doch, wie schüchtern ich bin! Bei der Person, die unter mir wohnt, scheint es sich um eine junge Frau zu handeln. Ich höre manchmal ihre Stimme, wenn sie auf dem Balkon telefoniert. Sie klingt nett und scheint viel Humor zu haben, denn immer wieder höre ich sie lachen. In der Wohnung neben ihr? Auf dem Klingelschild steht ein Männername. Heute ist meine beste Freundin bei mir. Sie hat eine Idee: »Du brauchst: Zutaten für einen Plätzchenteig, ein Seil und einen Korb.« Wir backen gemeinsam Schoko-Plätzchen. Sie wickelt sie in eine Serviette ein und legt sie in den Korb. Dann gehen wir auf den Balkon und lassen mit dem Seil den Korb hinunter. Es passiert: Nichts. Ist die Nachbarin gar nicht zuhause? Oder hat sie den Korb nicht bemerkt? Als ich am Abend den Korb wieder hochziehe, ist er total leicht! Und im Korb liegt eine Karte: DANKE für die leckeren Plätzchen. Kommst du mal zum Kaffee vorbei?

Sofort rufe ich meine Freundin an: »Deine Idee hat super funktioniert«, freue ich mich. »Na prima«, meint sie, »und morgen machst du das gleiche mit dem anderen Nachbarn.«

16

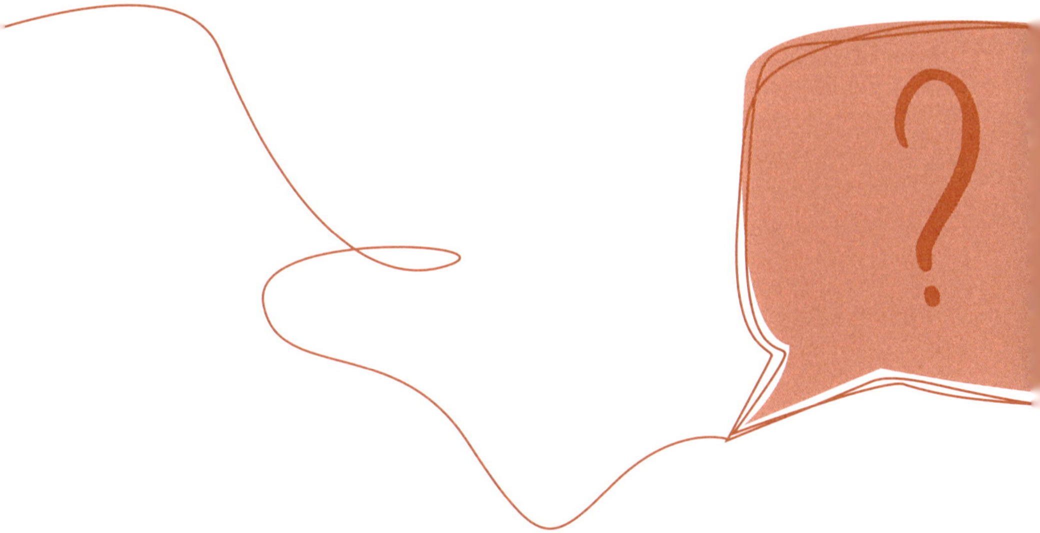

Meine Fragen

Wie viele Fragen hast du heute gestellt? Fragen sagen: Ich interessiere mich für dich, deine Meinung und deine Gedanken. Manche Fragen nerven und manche Fragen kann man gar nicht mehr hören: Wie geht es dir? Alles klar? Doch oft genügt schon eine spannende, witzige Frage, um den anderen glücklich zu machen. Und oft kann man mit einer einfachen Frage beim anderen etwas auslösen, z.B. dass er sich mehr Zeit für sich selber nimmt oder anfängt zu überlegen, was für ihn wirklich wichtig ist.

Dein heutiges To-do:
Ganz viele Fragen ausdenken!

Welchen Personen könntest du diese besonderen Fragen stellen?

Verkäuferin in der Bäckerei:

Meinen Eltern:

Der Bibliothekarin:

Meinen Nachbarn:

Meinen FreundInnen:

17

Kerzen anzünden

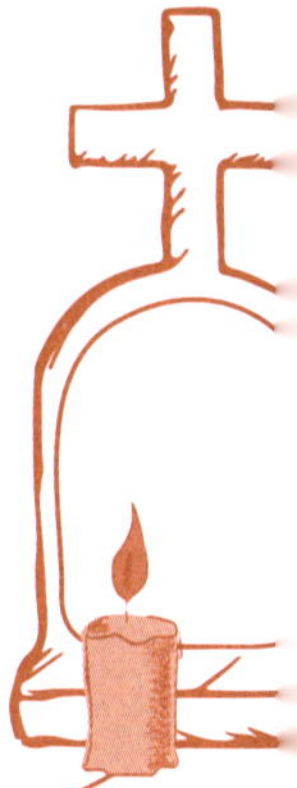

Ist dir auf dem Friedhof schon mal aufgefallen, wie sehr sich die Gräber unterscheiden?

Man erkennt ziemlich schnell, ob sich jemand regelmäßig um ein Grab kümmert: In der Laterne brennt eine Kerze, das Grab ist frei von Unkraut und Laub. Manche Gräber sehen ziemlich verwildert aus. Manchmal ist sogar der Grabstein so zugewachsen, dass man gar nicht mehr lesen kann, an welche Personen das Grab erinnert. Vielleicht wohnen die Verwandten und Freunde der Verstorbenen zu weit weg, sodass sie sich nicht um das Grab kümmern können. Vielleicht sind die Hinterbliebenen aber selber schon zu alt und körperlich nicht mehr in der Lage, die Gräber zu pflegen.

Kannst du für sie einspringen? Nimm das nächste Mal ein paar Grablichter mit. Du kannst Unkraut jäten, den Grabstein vom Laub befreien. Wenn es lange nicht mehr geregnet hat, gießt du einfach die Blumen. Das kannst du natürlich auch bei gepflegten Gräbern machen. Denn vielen älteren Menschen fehlt die Kraft, um die schweren Gießkannen zu tragen. Bestimmt wird es auch anderen Besuchern auffallen, dass die Gräber viel freundlicher aussehen.

18

Überraschungs-Kuchen

Da sitzen wir im Restaurant
und haben Lust, jemanden zu überraschen.

Wir mustern die anderen Gäste:
an Tisch Nr. 2 sitzen zwei Freundinnen,
die offensichtlich gerade etwas zu feiern haben.
»Bringen Sie ihnen ein Kuchenstück«,
sag ich zur Kellnerin,
»auf unsere Rechnung. Aber ja nicht verraten,
dass wir es bezahlt haben.«

Unser Kuchenstück werden sie wohl nicht so
schnell vergessen,
vielleicht unterhalten sie sich noch in zehn Jahren
ab und zu über diesen tollen Nachmittag.

19

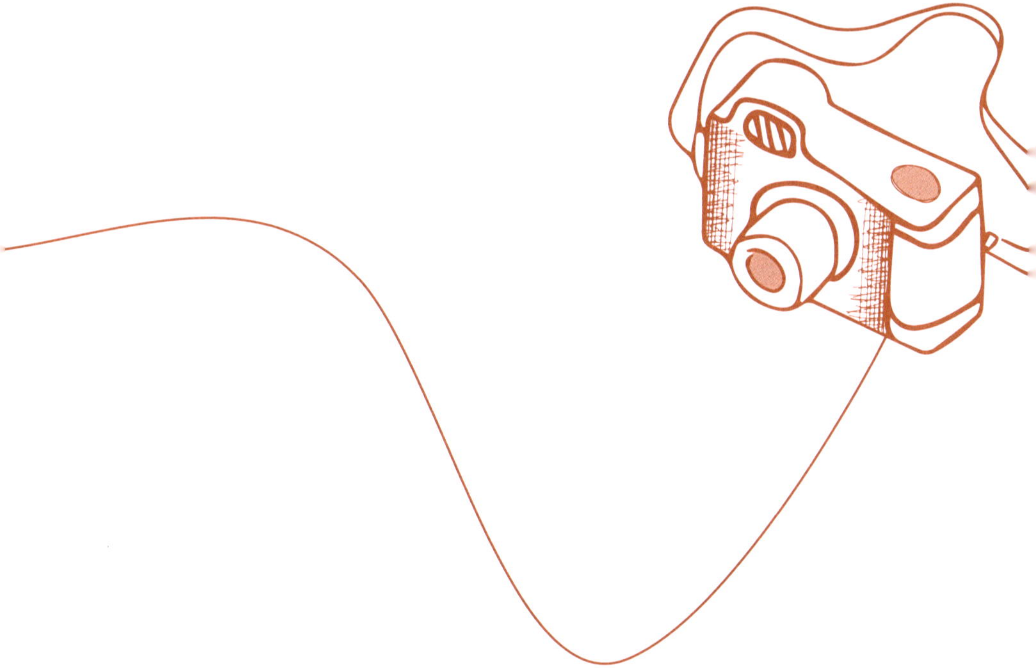

Deine Stadt-Tipps

- Der stillste Platz der Stadt
- Hier hat man die schönste Aussicht
- DAS beste Cappuccino-Cafe!
- Das witzigste Graffito!
- Der Blumenstand mit der Blumenverkäuferin mit dem schönsten Lächeln

Begegnest du auch immer wieder mal Touristen, die in deiner Stadt unterwegs sind? Meistens klappern sie eine Sehenswürdigkeit nach der anderen ab, die ihnen online, in einem Reiseführer oder vom Tourismus-Büro empfohlen worden ist. Aber gibt es nicht auch viele Geheimtipps, die sie auf keinen Fall verpassen sollten?

Ich stelle mich an den Bahnhof, bis ich eine Familie entdecke, die zum ersten Mal in dieser Stadt zu sein scheint. »Herzlich willkommen!«, begrüße ich sie. Noch während sie mich neugierig anschauen, drücke ich dem kleinsten Kind das Blatt mit meinen Tipps in die Hand: »Ein paar ganz persönliche Tipps für euch. Genießt den Aufenthalt!«

Deine To-Do-Liste eignet sich aber auch für Menschen, die in deiner Stadt leben: Du kannst sie anderen Menschen in den Briefkasten stecken oder ein Foto davon online posten. Vielleicht kannst du ihnen so Lust machen, die Stadt mal ganz neu zu entdecken …

Meine To-Do-Liste:

-
-
-
-
-
-
-
-
-
-
-
-
-
-
-
-

20

Meine Top-Bewertung

Wofür entscheidest du dich

… für die coole Burgerbar mit 127 Top-Bewertungen?

… oder für die Pizzeria am Marktplatz,
bei der online noch niemand einen Kommentar hinterlassen hat?

Restaurants, Filme, Hotels - heute kann man online alles bewerten. Natürlich weiß heute jedes Kind: Nicht allen Bewertungen darf man trauen, bei manchen handelt es sich um »Fake« oder um bezahlte Werbung. Und: Manche Firmen belohnen ihre Kunden, wenn sie online eine tolle Bewertung schreiben. »Bewertungen« sind kostbar: Wer viele begeisterte Bewertungen hat, kann viele Kunden anlocken.

Wenn du irgendwo etwas Positives erlebt hast, mach dieser Firma online ein Kompliment. Schreibe gerade bei Filmen, Cafes usw., bei denen noch niemand einen Kommentar hinterlassen hat, eine positive Rückmeldung – sie werden sich besonders darüber freuen. Schau online nach, wer dringend auf ein begeistertes Feedback von dir wartet. Aber natürlich: Ehrlich bleiben – wenn du anderen zu viel versprichst, werden sie am Ende nur enttäuscht sein.

Meine Notizen:

-
-
-
-
-
-
-
-
-
-
-
-
-
-
-
-

21

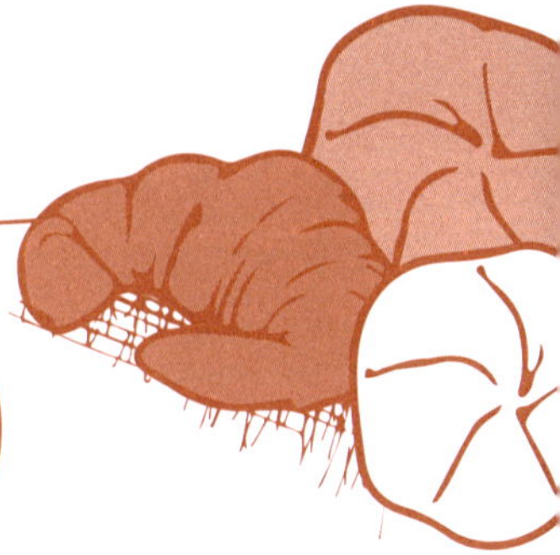

Frühstück für alle

07:12 Uhr

Du stehst in der Schlange
in deiner Lieblingsbäckerei.
Du wartest und wartest,
noch total müde
aber plötzlich eine ganz schräge Idee
und bevor du weißt, was du sagst,
erklärst du der Verkäuferin:

Einmal Frühstück für alle –
machen Sie die Tüte ganz voll mit Gebäck!
Auf dem Schulhof
bist du die erste.
Deine Mitschüler wundern sich sofort:
Warum lächelst du?
Du hältst die Tüte in die Höhe:
Wer hatte keine Zeit für Frühstück?
Bedient euch!
Mit vollem Magen lernt es sich gleich besser.

22

Der zweite Cappuccino

»Was hast du gemacht?« »Gleich zwei Cappuccino bezahlt – einen für mich und einen für die nächste Person, die einen Cappuccino bestellt.« »Aber warum?« »Ich war neugierig ...«
»Ich habe mich ganz hinten in die Ecke gesetzt und gewartet. Wie aufgeregt war ich! Wer wird wohl als nächster einen Cappuccino bestellen? Ich habe mir die Menschen in der Schlange genau angeschaut. Manche warteten allein, manche waren zu zweit und total im Gespräch vertieft. Wer von ihnen wird wohl überrascht werden? Und wie wird sie reagieren? Über das ganze Gesicht strahlen? Ungläubig schauen? Oder sich gleich umschauen, ob das ein Trick ist? Eigentlich allein für dieses Warten hat sich der Einsatz für einen zweiten Cappuccino gelohnt.«
»Und dann? Erzähl schon, wer war der Glückspilz?«
»Eine Mutter mit einem Kinderwagen, sie sah ziemlich abgehetzt aus, Das Kind quengelte. Sie sah die Verkäuferin am Tresen an, es dauerte, bis sie es begriff. Und dann war sie wirklich echt baff!« »Hat sie sich bedankt?« »Nein, sie hat mich ja nicht erkannt. Wahrscheinlich hat sie sich mich ganz anders vorgestellt.« »Wie meinst du das?« »Die Verkäuferin sagte ihr: Sie müssen sich nicht bei mir bedanken, sondern bei Ihrem Alltagsengel!«

23

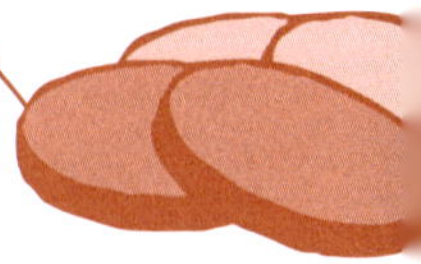

Die Spendendose

»Schon lange stehe ich an der Kasse und warte geduldig. Die meisten sind so in Gedanken versunken, dass ich ihnen gar nicht auffalle. Manche starren mich sogar an. Aber es fällt ihnen trotzdem nicht ein, mich mit ein paar Münzen zu füttern. In meinem Bauch stecken viele 1-Cent und 2-Cent-Stücke – Kleingeld, das niemand mit sich rumtragen will. Und in letzter Zeit bezahlen sowieso immer mehr Menschen kontaktlos mit Karte. Ich werde also noch länger warten müssen, bis ich bis oben gefüllt bin. Meinen Kolleginnen geht es genau gleich. Dabei warten so viele Hilfsprojekte auf Unterstützung. Ja, ein paar Cent sind nur ein paar Cent. Aber was, wenn jeder, der in diesem Supermarkt einkauft, nur ein paar Cent schenkt, da würde jeden Tag ein größerer Betrag zusammenkommen. Manchmal beneide ich die Kolleginnen, die von den Sternsingern von Haus zu Haus getragen werden – was für gigantische Beträge, die sie bekommen!«

Wann hast du das letzte Mal ein paar Münzen in eine Spendendose gesteckt? Wo ist dir in letzter Zeit eine Spendendose begegnet? Falls es in deiner Umgebung zu wenig davon gibt, kannst du selber eine basteln und aufstellen (zum Beispiel in der Schule).

24

Kopf-hoch-Geschichten

Idee:

Mit Geschichten andere aufheitern!

Du brauchst:

ein Handy mit Aufnahmefunktion, ein paar (witzige) Ideen.

So geht's:

Erfinde eine witzige Geschichte, die für gute Laune sorgt und andere zum Lächeln oder sogar zum Lachen bringt. Schon immer haben sich Menschen Geschichten erzählt, um sich auf andere Gedanken zu bringen oder aufzuheitern. Du kannst deine Geschichte einfach ganz bequem in dein Handy sprechen und dann als Sprachnachricht verschicken. Du kannst natürlich auch eine beruhigende Gute-Nacht-Geschichte erzählen!
Und falls du auch mal gerne eine Geschichte bekommen möchtest, kannst du ja alle auffordern: »Hat es euch gefallen? Wer von euch liefert morgen eine Fortsetzung oder eine andere Geschichte?«

Tipp:

Du hast noch keine Idee? Auf der nächsten Seite findest du ein paar Inspirationen. Dir fällt trotzdem nichts ein? Schau mal in dein Bücherregal oder blättere in einer Zeitschrift. Vielleicht findest du da eine witzige Geschichte. Du kannst die Geschichte vorlesen und am Schluss noch einen persönlichen Kommentar anfügen.

Heute erzähle ich euch

- von meinem schrägsten Traum ...

- von einem total peinlichen Erlebnis beim Einkaufen ...

- eine witzige Episode aus meiner Kindheit ...

- etwas total Schräges, das ich heute beobachtet habe ...

-

-

-

-

-

-

-

-

-

-

-

05

Rettende Münzen

Noch dreißig Cent fehlen! Nils blickt in seine Geldbörse: nur Scheine, keine einzige Münze mehr. Er schaut sich um. Niemand in der Nähe, den der anpumpen könnte. Wenn er jetzt nicht irgendwo dreißig Cent herbekommt, kann er seine Cola vergessen. Und dabei ist sein Hals wie ausgetrocknet. Er öffnet seinen Rucksack ... da, ganz hinten, seine Finger spüren plötzlich eine größere Münze – zwei Euro! Schnell steckt er sie in den Schlitz und schon rüttelt und schüttelt der Automat. Kurz darauf: Die Cola-Dose landet im Fach. Nils nimmt gierig einen Schluck. Tut das gut! Gerade nochmals Glück gehabt. Wenn die zwei Euro nicht gewesen wären ...

Es ist noch etwas Geld übrig. Er fischt die Centstücke heraus, schaut sie nachdenklich an. Da hat er eine Idee: Er steckt sie oben wieder ein. Auf dem Display steht: 1,70 EUR. Die nächste Person, die etwas ziehen will, wird eine Überraschung erleben! Vielleicht geht es ihr gleich wie Nils: Zu wenig Geld dabei. Oder vielleicht sogar total abgebrannt. Aber wenn die Person das Geld gar nicht nötig hat? Eigentlich egal, vielleicht kann er sie mit 1,70 Euro motivieren, auch für die nächste Person etwas dazulassen. Eigentlich keine schlechte Investition!

26

Mach alles Grün!

Gibt es in deinem Dorf, in deiner Stadt Flächen, die kahl und karg sind?

Wirf »Samenbomben«!

Seit den 1970ern sind auf der ganzen Welt Guerilla-Gärtnerinnen unterwegs: Sie formen aus Erde, Wasser und Samen kleine Bällchen. Manche fügen noch etwas Tonpulver oder Tonerde hinzu. Und dann platzieren sie die Bomben kreuz und quer in der Stadt.

Ihr Ziel: Sie wollen wieder mehr Grün in das Alltagsgrau bringen. Durch »Urban Gardening« konnten schon ganz viele Flächen auf der ganzen Welt wieder begrünt werden. Und ist eine Stadt mit vielen Blumen, Wiesen, Sträuchern und Bäumen nicht viel angenehmer für alle? Die Menschen fühlen sich wohler, und auch die Tiere.

27

Der umgekehrte Adventskalender

Du kannst in diesem Jahr es einfach mal umdrehen: Mach einen Adventskalender für andere. Du kannst vom 1. bis zum 24. Dezember täglich ein kleines Geschenk einpacken. An Weihnachten bringst du die Geschenke zu einer Organisation, die sich um Menschen in Not kümmert. Sie können dann die Geschenke an eine Person weiterleiten, die von Armut betroffen ist. Du kannst natürlich aber auch gleich jeden Tag das Geschenk verschenken, z.B. jeden Tag an einen anderen Obdachlosen.

Was kannst du im umgekehrten Adventskalender verschenken?

- eine Tafel Schokolade
- eine Schachtel Buntstifte
- ein Kilo Reis
- eine Seife
- selbstgestrickte Handschuhe
- selbstgebackene Plätzchen
- Kaugummi
- Tee
- ein Buch
- Honig
- Möhren
- ein Kuscheltier
- ein Kartenspiel oder Brettspiel
- ein Mobile für ein Baby

Meine Notizen:

Was kann ich verschenken?
Wem kann ich das Päckchen schenken?
Wann und wo kann ich es übergeben?

–

–

–

–

–

–

–

–

–

–

–

–

–

–

28

Ein ganzes Jahr Nikolaus

Der heilige Nikolaus von Myra war Bischof und als Wohltäter bekannt: »Random Acts of Kindness? Ja, wenn ihr das so nennen möchtet. Zu meiner Zeit hat man das einfach »Gutes tun« genannt. Mir war es einfach wichtig, mich für andere Menschen einzusetzen und ihnen Gutes zu tun. Am meisten waren die Menschen damals beeindruckt, als ich Essen an hungrige Kinder verteilt habe. Und auch als ich mich für drei Schwestern eingesetzt habe, hat das schnell die Runde gemacht. Aber eigentlich wollte ich das gar nicht so an die große Glocke hängen. Aber na schön:
Wenigstens kann ich so andere inspirieren, Gutes zu tun. Was ich nicht verstehe: Warum erinnern sich die Leute am 6. Dezember an mich und verschenken total viel, aber am nächsten Tag ist es schon wieder abgehakt. Ich war ja das ganze Jahr Nikolaus!«

Machst du mit - vollbringst du ein Jahr lang jeden Tag eine gute Tat? Zum Beispiel könntest du jeden Tag mindestens einmal helfen, ein Problem zu lösen ...

29

Mein erstes Diwali

Hast du dich auch schon gefragt, was genau deine muslimischen Freunde beim »Zuckerfest« machen oder warum deine jüdische Kollegin am »Purim«-Fest Karnevals-Foto postet? Hast du schon mal gefragt, ob du auch bei einem ihrer religiösen Feste dabei sein darfst? Keine Angst, auch wenn du nicht deinen Glauben ändern willst oder eine andere Religion nicht nachvollziehen kannst, kannst du dich mit ihr auseinandersetzen. Mit einer Teilnahme an einem Fest deiner Freunde zeigst du, dass du dich für ihre Kultur und ihre Traditionen interessierst. Oft kann man dabei Vorurteile abbauen. Und vielleicht lädst du sie mal ein, bei euch am Nikolaustag, an Weihnachten oder an Ostern dabei zu sein?

Einmal ist keinmal

»Das werde ich melden!«, rutscht es mir schon fast heraus, dann behalte ich die Drohung für mich. Mir geht durch den Kopf:

Vielleicht hat die Verkäuferin einen schlechten Tag (Zoff mit dem Mann, die Waschmaschine ist ausgestiegen, sie hat den Bus verpasst, sie hat einen Rüffel vom Boss bekommen …). Ja, sie hat mich ruppig behandelt, ja, ihr Ton war so was von daneben. Aber muss ich mich deshalb gleich beschweren? Oder online einen negativen Kommentar hinterlassen? Jeder kann mal einen Fehler machen.

31

Die raok*-Pinwand

Heute in der großen Pause
habe ich ein großes Plakat
an die Klassenzimmertür geklebt.

Mit rotem Filzstift habe ich notiert:
Die raok-Challenge – wie können
wir uns glücklicher machen?

Und darunter habe ich ganz viele Post-its geklebt.
Fast alle waren leer,
nur auf fünf von ihnen standen
Ideen von mir.

»Wir können uns gegenseitig inspirieren«,
habe ich zu den anderen gesagt,
»teilt eure Ideen mit uns.«

*randomactofkindness

Auf YouTube, im TV, im Radio und in den Zeitungen kommt raok noch viel zu selten vor. Schreib die Redaktionen an und sag ihnen, wie wichtig #raok ist:

32

Die Tzatziki-Party

Nicht nur Liebe, auch Freundschaft geht durch den Magen.

Gibt es etwas Schöneres als schlemmend die Heimat einer Freundin / eines Freundes kennen zu lernen?

Woher kommen die Menschen aus deinem Umfeld ursprünglich? Wie viel wisst ihr über ihre Heimat, ihre Kultur, ihre Speisen ...?

Organisier einen Koch-Abend bei dir zuhause: Eine Person nennt ein Rezept aus seiner Heimat. Alle werden eingeteilt, eine bestimmte Zutat mitzubringen. Wenn du gerne kochst, kannst du auch gleich für deine Freunde kochen und sie mit einem Gericht aus ihrer Heimat überraschen. Es ist eine Win-Win-Situation: Ihr lernt neue Gerichte kennen und findet so vielleicht ein neues Lieblingsgericht?

Ihr lernt dadurch verschiedene Kulturen besser kennen und schätzen. Und bestimmt freuen sich alle, wenn ihr vor Begeisterung strahlt, weil euch das Gericht einer Freundin oder eines Freundes total schmeckt.

Kekilia
Griechische Meze
Miriam
Wiener Schnitzel
Allessandro
Lasagne

33

Happy Lena!

Was habe ich heute morgen doof aus der Wäsche geguckt! Da stand plötzlich meine beste Freundin vor mir und drückte mir einen selbstgebackenen Kuchen in die Hand. »Herzlichen Glückwunsch!«, meinte sie und zog ein kleines Päckchen aus ihrer Tasche. »Heute ist dein besonderer Tag!«

»Aber ich habe doch heute gar nicht Geburtstag …«, habe ich verwirrt geantwortet. Hatte sie etwas durcheinandergebracht? Oder mich verwechselt? Da lachte sie laut: »Aber Namenstag! Und sollte man diesen nicht auch ausgiebig feiern? Du hast heute einen Wunsch frei.«

Vor hundert Jahren war der Namenstag viel wichtiger als der Geburtstag: Die Menschen feierten den Namenstag richtig groß. Heute weiß kaum einer mehr, wann überhaupt sein Namenstag ist. Höchste Zeit, das zu ändern. Schau auf www.heiligenlexikon.de nach, wer wann an der Reihe ist. Jetzt kannst du die Menschen in deinem Umfeld immer überraschen, so wie an einem Geburtstag: Eine Glückwunsch-Sprachnachricht, einen Kuchen überreichen. Und wenn du mehrere Menschen mit dem gleichen Namen kennst, kannst du auch einfach am Namenstag online posten:

»Herzlichen Glückwunsch an alle Lenas – sie haben heute ihren Namenstag! Ihr habt einen coolen Namen! Genießt den Tag!«

Lena

»Herzlichen Glückwunsch an alle Lenas –
sie haben heute ihren Namenstag!

Ihr habt einen coolen Namen!
Genießt den Tag!«

34

Deine 1000 Erfahrungen

100e Blogs mit leckeren Rezepten …
100e Blogs mit Styling-Tipps …
100e Blogs mit Reiseberichten …

Dringend gesucht:

Tipps und Erfahrungen von Expert*innen!

Welche Blogs findest du cool? Von welchem willst du keinen Beitrag verpassen? Jeder interessiert sich für etwas anderes: Stricken, Online-Games, Fußball ... Deshalb gibt es auch so viele verschiedene Blogs.

Viele Bloggerinnen und Blogger wollen andere an ihren Erfahrungen, Erlebnissen teilhaben lassen. Es gibt auch Blogs zu ernsten Themen, wie zum Beispiel das Leben mit einer Krankheit. Gerade diesen Menschen ist es wichtig, anderen Betroffenen Mut zu machen oder ihnen Tipps für den Alltag zu geben. Blogs sind nämlich eine tolle Möglichkeit, um Erfahrungen miteinander zu teilen. Wenn man etwas Ärgerliches erlebt hat, kann man andere davor warnen. Und wenn etwas total Beglückendes passiert ist, kann man auch anderen ermöglichen, eine ähnlich schöne Erfahrung zu machen.

Bei welchem Thema bist du Expertin oder Experte?
In welchem Bereich kennst du dich bestens aus?
Warum eröffnest du nicht einen Blog und lässt andere von deinen Erfahrungen profitieren?

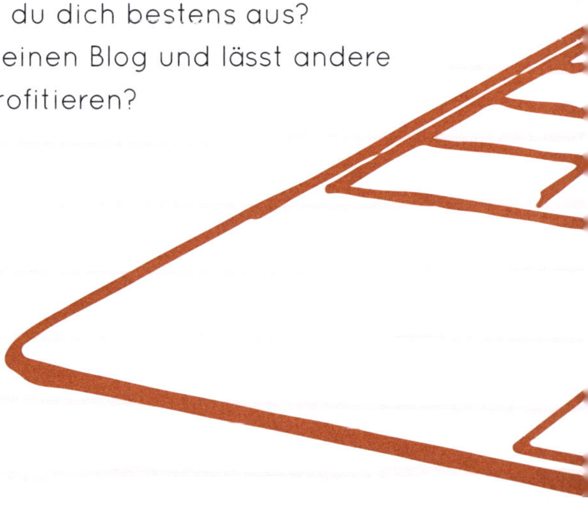

Mein Blog.

Madeline ist 25 Jahre alt. Sie leider an einer psychischen Erkrankung. Auf ihrem Blog erzählt sie von ihren Erfahrungen in der psychiatrischen Klinik und wie ihr Leben aussieht. Sie erzählt in ihren Blogbeiträgen ganz offen und ehrlich. Viele, denen es ähnlich geht wie ihr, fühlen sich durch die Blogbeiträge weniger allein – sie sehen, dass andere ähnliche Erfahrungen machen.

35

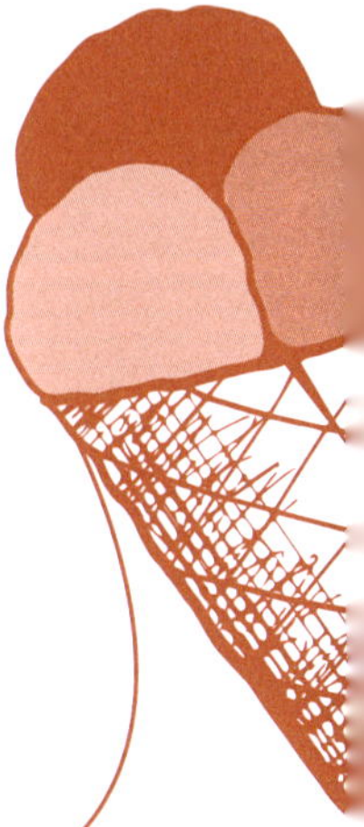

Geheimtipp im Eiscafe

In der Buchhandlung,
im Restaurant,
im Eiscafé ...

Viele, die in Geschäften oder Restaurants arbeiten, kennen sich mit ihren Produkten oder Angeboten bestens aus – und können einschätzen, was für wen am besten passt oder welchen Geheimtipp noch fast niemand entdeckt hat. Und sie freuen sich, wenn man sie ganz ehrlich um ihre Meinung fragt: Was empfiehlst du mir? Welches Menü schmeckt dir am besten?

Wähle es aus und gib der Verkäuferin ein Feedback: »Das war ein guter Tipp, danke!«

36

Schlaf-zimmerkonzert

Bevor ich ins Bett gehe,
noch kurz das Fenster öffnen,
mein Zimmer ist dunkel,
ich schaue hinaus
und plötzlich, kann das wirklich sein?
Höre ich eine Stimme:
Da singt eine Frau:
»Oh happy day!«
Für wen singt sie?
Und warum?
Ich höre zu und bin nicht der einzige,
denn als sie fertig ist, ist aus mehreren
Richtungen begeisterter Applaus zu hören.
Singt sie morgen Abend wieder?
Welches Lied?
Und wenn nicht, spring ich für sie ein
und sing für meine Nachbarn ein Ständchen?

Danke, Türöffner!

Gleich geschafft, die Tür ist noch offen, wenn ich jetzt alles gebe, kann ich noch reinspringen. Ich rufe: Bitte warten! Ich darf den Bus auf keinen Fall verpassen. Zu spät beim Bewerbungsgespräch? Das geht gar nicht. Das macht sich überhaupt nicht gut. Und ich wäre ja pünktlich gewesen, hätten nicht die Umzugsleute den Aufzug blockiert. Zwei Minuten musste ich warten. Mist, die Türen gehen zu, der Bus wird gleich abfahren. Doch die Tür ganz hinten: sie ist noch offen! Ich springe hinein und noch in der Luft setzt mein Gehirn einzelne Informationen zusammen: Der Junge, der direkt neben der Tür sitzt / sein Finger auf dem Halteknopf / jetzt grinst er mich an. Ich lächle dankbar zurück: »Du hast mein Leben gerettet!« Und schon fährt der Bus ab.

1 Woche später ...

Nervös drücke ich immer wieder auf den Halteknopf. Die Frau ist noch fünf Meter von der Tür entfernt. Die anderen Türen gehen schon zu. Beeil dich!, rufe ich ihr in Gedanken zu, als müsste ich eine Marathon-Läuferin anfeuern.

Zack – mit einem Sprung landet sie im Bus und atmet erleichtert auf. Sie sieht mich an und checkt sofort, dass ich für sie die Tür blockiert habe. »Danke!« Auch ich lächle. »Kein Problem«, meine ich, das ist jetzt meine Marotte: Bei jeder Haltestelle halte ich Ausschau, ob jemand den Bus zu verpassen droht. Bis jetzt konnte ich schon drei bewahren! Keine schlechte Ausbeute für eine Woche. Wenn ich das jetzt immer mache, kann ich über 150 Menschen im Jahr vor verpassten Bussen bewahren!

38

Liebes-Detektivin

180 cm, blond, liebt Sport und Cola

sucht:

175 cm, brünett, hört deutschsprachige Popmusik und ist gerne in der Natur

Ich hab ein Händchen für ideale Kombinationen: Kathrin und Maximilian sind jetzt schon acht Monate zusammen. Dabei ist Kathrin immer an die falschen Jungs geraten und Maximilian war immer zu schüchtern, andere anzusprechen. Zum Glück beobachte ich mein Umfeld immer so intensiv. Sonst hätte ich nicht mitbekommen, dass Natur-Fan Kathrin und Sport-Held Maximilian sich optimal ergänzen. Dabei musste ich Kathrin lange zureden, bis sie Maximilian endlich gefragt hat: Wollen wir mal gemeinsam im Wald laufen gehen?

Mein nächstes Projekt: Julia. Die ist schon viel zu lange Single und will es ändern.

39

Unser super Haus!

Eines Tages hing plötzlich ein Zettel im Aufzug.
Und er hat unser Haus komplett verändert …

- Ihr seid die tollsten Nachbarn!
- Ich wünsche Euch einen erholsamen Abend!
- Danke an die Person, die gestern den Schnee weggeräumt hat!

Welche Beispiele fügst du der Liste hinzu?

Gibt es bei euch zuhause oder in der Firma auch schon so eine Glücksliste? Dann häng sobald wie möglich eine auf. Du kannst sie übrigens auch mehrmals im Jahr erneuern: eine Liste für den Frühling, eine für den Sommer, eine für den Herbst, eine für die Adventszeit ...

40

Rosen für alle

Am Valentinstag (14. Februar) beschenken viele ihre Liebsten mit einem Blumenstrauß. Warum nicht mal am Valentinstag wildfremden Menschen auf der Straße eine Rose schenken - einfach so? Kauf einen Strauß Rosen und verteil die einzelnen Blumen ganz spontan auf der Straße.

Der Heilige Valentin ist der Schutzpatron der Verliebten. Er lebte im 3. Jahrhundert in Italien. Es heißt, dass er Verliebte vermählt haben soll - heimlich, denn der christliche Glaube war zu dieser Zeit im Römischen Reich illegal. Er soll auch Paare bei Partnerschaftskrisen beraten haben. Doch das sind alles Legenden, historisch gibt es kaum Informationen über ihn. Der Brauch, sich am Valentinstag Blumen zu schenken, kam erst vor ca. 70 Jahren auf.

41

Die Stadt der Komplimente

»Schöne Schuhe!«, ruft ein Mädchen auf dem Marktplatz einer älteren Frau hinterher, die nickt und lobt den Mann, der neben ihr an der Ampel wartet: »Sie sehen richtig glücklich aus.« Der Mann bedankt sich und spricht in sein Handy: »Es tut immer gut, deine Stimme zu hören. Die Gespräche mit dir bauen mich einfach auf.« Er kann nicht sehen, wie die Frau errötet. Sie hält gerade ihrer Nachbarin die Tür auf und mustert aufmerksam deren neue Frisur: »Steht dir gut!« Die Nachbarin strahlt und als ein knallblauer Oldtimer am Haus vorbeifährt, streckt sie dem Fahrer den erhobenen Daumen zu. »Cooles Auto!« Als dieser vor dem Supermarkt geparkt hat, lächelt er ein älteres Paar an, das gemeinsam den Einkaufswagen schiebt: »Sie sind ein schönes Paar!« Die beiden machen große Augen und werfen sich dann verliebte Blicke zu.

... in dieser Stadt müsste man leben, oder?

Nur leider gibt es sie noch nicht. Wie reagierst du, wenn dir ein Wildfremder Komplimente macht?

- O ich mache mich schnell aus dem Staub
- O ich mustere ihn misstrauisch:
  Ist das ernst gemeint? Ist es eine Falle?
- O ich freue mich: Was für eine tolle Rückmeldung!

–

–

–

–

–

–

–

–

–

–

–

Warum sind wir so geizig mit Komplimenten?
Wir verteilen sie so selten und sparsam, als würde man uns für jedes 1000 Euro in Rechnung stellen. Wenn man dann mal ein Kompliment bekommt, ist man ziemlich perplex. Manche reagieren sogar unwirsch, weil sie sich auf den Arm genommen fühlen.

Ja, Komplimente sind kostbar, aber kostenlos.
Warum sind wir hier nicht verschwenderisch?

42

Gutschein sucht Empfänger

Der 20-Prozent-Gutschein für den Onlineshop – nur noch zwei Tage gültig! Aber eigentlich brauche ich momentan gar nichts. Und einfach nur etwas bestellen, damit ich den Gutschein einlösen kann? Wäre auch ziemlich doof.

Ich will auf DELETE klicken, da huscht eine Idee durch meinen Kopf:
»Vielleicht will eine Freundin, ein Freund heute was bestellen und kann vom Angebot profitieren?«
Ich schicke meinen Leuten eine Nachricht.

Zack. Zwei Minuten später meldet sich Jonas. Er wollte gerade etwas in diesem Online-Shop bestellen. Ich leite ihm den Gutschein-Code weiter und freue mich mit ihm, dass er 20 Prozent bei der Bestellung spart.

43

Rote Rosen aus Athen

13:37: Heute sind wir zu viert – Jenny, Lene, Kai und ich. Sieben Senioren haben sich angemeldet.
13:43: Die ersten beiden Damen treffen ein. Sie sind etwas nervös: »Ich habe das Gerät von meiner Tochter bekommen und nur zum Telefonieren verwendet.«
13:57: Alle sind schon da, wir können beginnen! Jenny, Kai und ich kümmern uns um je zwei Teilnehmende – Lene ist für die 90-Jährige da, denn die hört nicht mehr so gut und deshalb geht es etwas länger.
14:20: »Ich zeige Ihnen, wie Sie Fotos machen können«, sagt Lene. Und Kai erklärt seinen Schülerinnen: »Welche Informationen sind für Sie interessant? Dann installiere ich Ihnen eine passende App!« »Rezepte!«, ruft die Dame mit dem blauen Hut. Ihre Freundin will wissen, wo man Musikvideos findet. Sie will die Songs aus ihrer Jugend anhören. Ein paar Augenblicke später dudelt ihr Handy los: »Rote Rosen aus Athen …« Alle lachen.
15:02: Die Dame zieht eine Überraschung aus ihrer Tasche: Sie hat als Stärkung Plätzchen für alle gebacken. Wir greifen begeistert zu. Nervennahrung tut immer gut!
16:11: »Gibt es bald eine Fortsetzung?«, fragt die 90-Jährige, »das war klasse!« Die anderen Senioren applaudieren. Wir nicken eifrig: Die Arbeit mit den Senioren macht Spaß und wir können unser Wissen weitergeben. Eine Win-Win-Situation, oder?

44

Der grüne Zettel

»So viele Bücher! Wenn ich nur nicht so k.o. wäre. Irgendwie habe ich heute gar keine Lust mehr, mich mit den vielen Büchern auseinanderzusetzen. Und einfach ganz spontan eines aus dem Regal ziehen? Das Risiko ist zu groß, dass es mich gar nicht interessiert. Während ich durch die Bibliothek spaziere, fällt mir plötzlich etwas auf: Bei manchen Büchern schaut oben ein grüner Zettel heraus. Zuerst sehe ich nur einen, dann zwei … überall kreuz und quer in der Bibliothek verteilt. Was bedeuten diese Zettel? Sind das Reservationen? Ich nehme bei einem Buch den grünen Zettel heraus. Darauf steht eine handschriftliche Nachricht von Carola – sie erklärt, warum das Buch spannend und für wen es geeignet ist. Und dann steht da noch mehr: Carola hat notiert, was sie mir wünscht und motiviert mich, an meine Träume zu glauben. Jetzt bin ich neugierig auf die anderen Zettel. Ich streife durch die Bibliothek und schaue mir die verschiedenen Zettel an. Es dauert nicht lange und ich habe drei Bücher, die mich brennend interessieren. Was für eine coole Idee! Offensichtlich hat eine Schulklasse ihre persönlichen Empfehlungen verteilt. Jetzt muss ich Schluss machen, ich will lesen – ich habe mit dem ersten Buch angefangen und schon nach den ersten beiden Sätzen bin ich total drin … «

Du hast ein spannendes Buch gelesen oder Lust, deine Gedanken zu einem Buch anderen mitzuteilen?

Notier deine Gedanken auf einem Zettel und steck ihn in deiner Bibliothek oder Buchhandlung in das Buch. Du kannst ihn auch als Überraschung platzieren: Versteck den Zettel im Buch, sodass man ihn erst bemerkt, wenn man das Buch liest. Bestimmt wird sich der Leser über deinen Zettel freuen und vielleicht kannst du ihn motivieren, künftig auch solche Lese-Überraschungen zu platzieren …

–

–

–

–

–

–

–

–

–

–

45

20 Überraschungen

Noch drei Minuten
bis zur Glocke.
Dann stürmen alle
ins Klassenzimmer.
Ich freue mich schon
auf die großen Augen,
ich habe was für sie hingelegt!
Auf ihren Plätzen
wartet für jeden
ein rotes Schokoherz.

»Freut sich nicht jeder über positive Überraschungen? Auch wer knapp bei Kasse ist oder seine Faulheit nicht überwinden kann, kann andere überraschen – manchmal reicht schon eine Packung Bonbons oder Schokoladenherzen. Fünf Minuten vor den anderen ins Klassenzimmer oder die Firma schleichen und an jeden Platz die Überraschung hinlegen. Du kannst es auch ganz heimlich tun: Wenn jemand wissen will, wer sich die Mühe gemacht hat, einfach nur mit den Schultern zucken.«

46

Ein Ohr leihen

To do für heute Nachmittag:
Ich setz mich in den Park oder auf eine Bank in der Fußgängerzone und warte einfach, bis ich jemanden sehe, der einsam oder niedergeschlagen wirkt.

Ich spreche diese Person an. Ich unterhalte mich mit ihr. Und wenn sie kein Interesse hat? Kein Problem, bestimmt taucht bald jemand anderes auf, dem ich mein Ohr leihen kann. Es gibt ja so viele Menschen, die etwas zu erzählen haben, aber zu wenige, die sich Zeit nehmen, dem anderen zuzuhören.

47

Gruß in die Küche

»Hat es geschmeckt?«, fragt der Kellner. Alle nicken, jemand lobt: »Spitze!« Aber ob die Mitarbeitenden in der Küche auch davon erfahren? »Sagen Sie es dem Koch weiter!«, könnte man sagen. Aber noch einfacher geht es mit einer einfachen Grußbotschaft auf dem Teller.

Schneidet die Vorlage aus und nehmt sie beim nächsten Restaurantbesuch mit. Unterschreibt mit eurem Vornamen oder fügt noch einen besonderen Kommentar hinzu wie zum Beispiel »Das beste Schnitzel ever!« - faltet die Lob-Karte und stellt sie auf den leeren Teller. Ihr könnt natürlich auch eure Rückmeldungen auf eine Serviette schreiben und dem Kellner mitgeben.

48

Glücksliste zum Mitmachen

Hast du schon mal zusammen mit anderen eine Glücksliste erstellt? Mach den Anfang: Schreib die ersten Ideen auf. Dann drückst du die Liste irgendeiner Person auf der Straße in die Hand. Du kannst sie auch einer Freundin oder einem Nachbarn geben. Fordere sie auf: »Schreib weitere Beispiele auf. Bevor du die Liste weitergibst, entscheidest du dich für ein Beispiel und probierst es aus.« Jetzt kannst du deiner Fantasie freien Lauf lassen: Wo wird die Liste wohl überall landen? Welche Beispiele werden wohl noch auf der Liste stehen?

Wenn du sehr neugierig bist, kannst du auch deine E-Mail-Adresse auf der Liste notieren: Schickt mir ein Foto von der Liste, sobald das Blatt voll ist!

Meine Glücksliste:

- eine Tasse heiße Schokolade
- nach vielen Nebeltagen sich wieder von der Sonne wärmen lassen
- ein Spaziergang mit der besten Freundin
- der erste Schnee
- die neue Staffel meiner Lieblingsserie

49

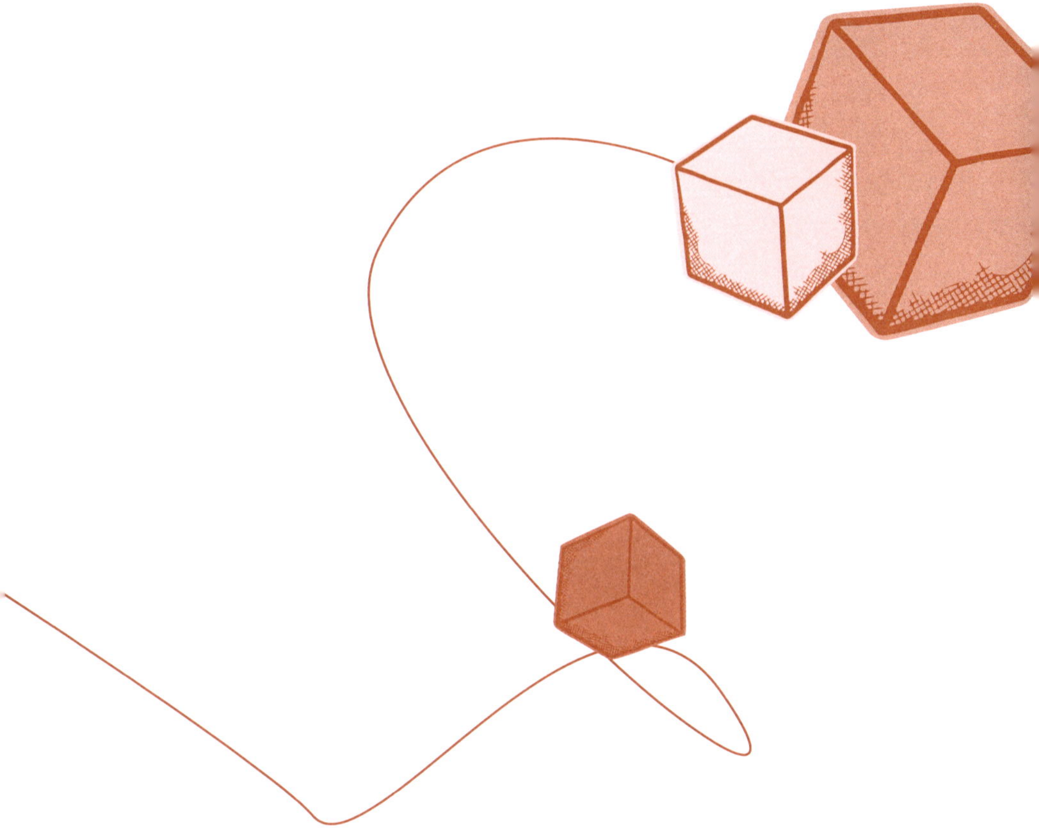

Entscheidungs-Würfel verschenken

Gibt es etwas Schwierigeres als sich entscheiden zu müssen? Du kannst anderen dabei helfen ...

Soll ich die Stelle annehmen? Soll ich Wirtschaft studieren? Oder für ein Jahr nach Indien? Soll ich ihr nochmals eine Chance geben? Soll ich das Geld sparen oder mir den neuen Pullover gönnen? Wie gut tut es, wenn man jemanden um Rat fragen kann.

Wie oft bist du als Ratgeberin, als Ratgeber im Einsatz? Und wie gehst du dabei vor? Bist du geduldig? Hast du ein offenes Ohr? Nimmst du dir Zeit, dich in den anderen hineinzudenken und hineinzufühlen? Kannst du akzeptieren, wenn jemand deinen Rat dann doch nicht annimmt?

Fast jeder muss mehrmals in der Woche eine Entscheidung fällen. Leg irgendeiner Person diesen Würfel in den Briefkasten, vor die Tür oder auf den Tisch.

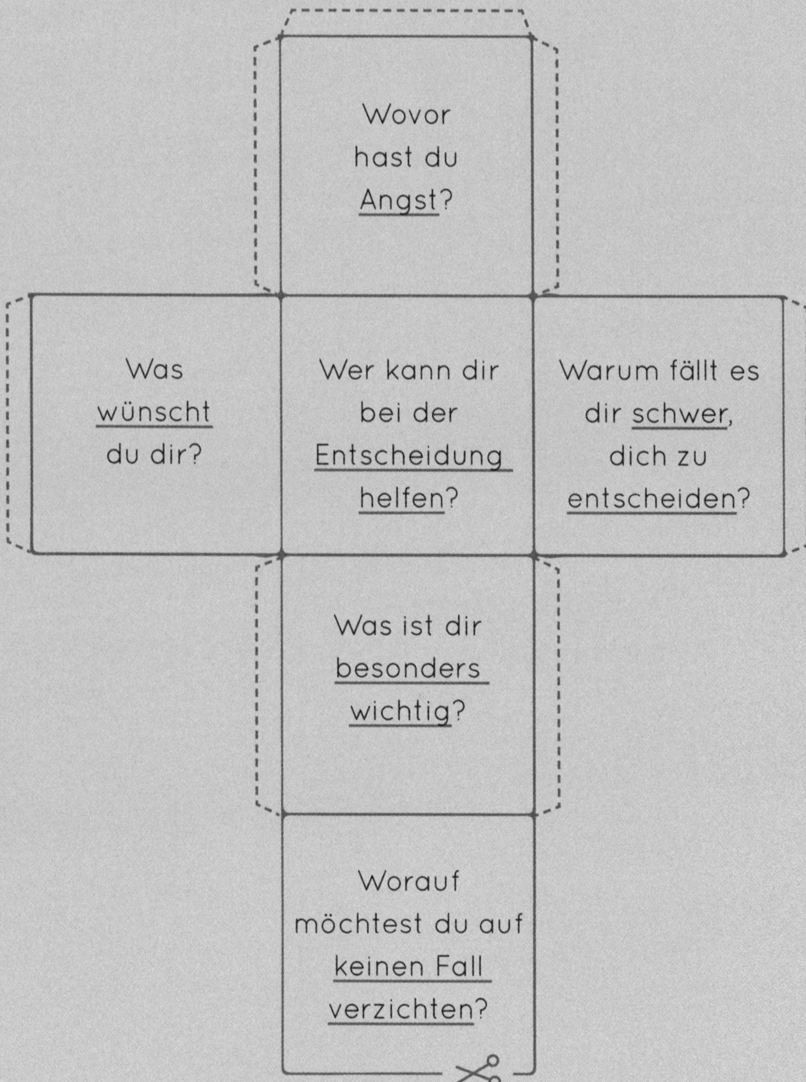

Schneide die Vorlage aus und klebe sie auf einen Karton.

50

Der Aufzugs-Chor

Erdgeschoss: Vier wildfremde Menschen fahren los. Alle müssen woanders hin.

1. Etage: Drei Mädchen steigen ein. Sie grinsen sich verschwörerisch an. Kaum fährt der Aufzug wieder los, beginnt eines von ihnen zu singen: »Oh happy day!« Die beiden anderen stimmen ein. Die anderen Fahrgäste schauen verwirrt, bis sie kapieren: Die haben das ausgeheckt! Ein musikalischer Flashmob im Aufzug.

3. Etage: Jetzt beginnen auch die anderen mitzusingen.

7. Etage: Die Aufzugstüren öffnen sich, draußen wartet ein ernster Mann. Überraschung in seinem Gesicht. Ein Aufzugs-Chor? Ziemlich absurd. Aber warum nicht? Sorgt doch für bessere Laune, als wenn sich alle während der gemeinsamen Aufzugsfahrt anschweigen oder man zwanghaft den Blicken ausweicht. Und er denkt: Ich kann zwar überhaupt nicht singen, aber stattdessen kann ich ja die anderen anlächeln. Oder vielleicht fällt mir ein Witz ein, den ich erzählen kann?

In der Schule, im Bus, auf dem Sportplatz …